ESSAI

SUR L'ÉDUCATION

DES

DEMOISELLES.

ESSAI
SUR L'ÉDUCATION
DES
DEMOISELLES.

Par MADEMOISELLE DE ***.

A PARIS,

Au Palais,

Chez BARTHELEMI HOCHEREAU,
le jeune, au pilier des Confultations.

M. DCC. LXIV.

Avec Approbation & Permiffion.

AVIS
DE
L'AUTEUR.

JE n'eus jamais l'intention de m'ériger en Auteur, j'en connois trop bien le danger ; d'ailleurs je n'ai point les talens qui y sont nécessaires. Lorsque je composai cet Essai d'éducation, je n'eus en vue qu'une Niece que j'aime, & qui dans l'âge le plus tendre promet beaucoup. Je comp-

tois donner des conseils à sa
Mere, non à d'autres.

La lecture d'Emile , &
quelques réflexions que j'ai
faites sur la négligence que
l'on apporte à l'éducation des
Demoiselles , dont cepen-
dant dépend souvent toute
la conduite de leur vie , don-
nerent lieu à ce Traité. Quelques Amis qui l'ont lu , ont
prétendu que j'avois tort de
ne le pas faire paroître , &
qu'il y avoit des choses qui
pouvoient être bonnes. Je

me suis prêtée à leurs desirs, & je suis trop citoyenne pour refuser à ma Patrie des réflexions que l'on croit justes & utiles. Je me livre donc à ce Public redoutable que je crains, & dont je demande l'indulgence, me contentant de taire mon nom. Que l'on me pardonne les fautes de diction & la simplicité du style. Je le répete, cet Ouvrage est le fruit de quelques heures de loisir. Je le donne tel qu'il fut composé, mes occupa-

tions préfentes ne mé laif-
fant pas le tems d'y rien chan-
ger. Trop heureufe fi mon
exemple peut encourager dés
gens plus habiles que moi,
& leur faire fentir de quelle
conféquence eft l'éducation
des Demoifelles, partie jufqu'à cette heure malheureu-
fement trop négligée.

ESSAI

ESSAI

SUR L'ÉDUCATION

DES DEMOISELLES.

AVANT-PROPOS.

Il y a long-tems qu'on se
plaint de la mauvaise éducation
que l'on donne aux jeunes Demoiselles; que l'on prétend, &
avec raison, qu'elle influe sur
leur conduite quand elles sont

A

établies, & que l'on parle de la corriger : mais je ne vois pas que perſonne ſe ſoit mis en devoir d'écrire ſur cette matiere, & de donner aux meres des leçons utiles pour élever leurs filles. Eſt-ce que l'ouvrage eſt trop difficile ? ou ne trouve-t-on pas le Sexe digne des réflexions d'un homme ſérieux ? Cette matiere eſt pourtant plus importante que bien des gens ne le penſent, puiſque c'eſt de l'éducation d'une jeune perſonne, que dépend toute la conduite de ſa vie. Ce que perſonne n'a fait juſqu'à préſent, je veux l'entreprendre. Je ne prétens pas que mes idées ſervent de regles infaillibles ; je

[3]

ne fais que les propofer. J'aver-
tirai feulement qu'elles font
fondées fur une étude affez
exacte que j'ai faite du caractere des femmes en général. Ceci
ne peut être regardé comme un
Traité entier d'éducation, mais
comme un Effai qui pourroit
fervir de matériaux à un Ouvrage plus confidérable, fi quelqu'un, encouragé par mon exemple, en vouloit prendre la peine.

Un Auteur en réputation nous
a donné un Traité d'éducation
pour les Hommes, où il fe trouve d'excellentes chofes, & qu'il
feroit à fouhaiter qu'on mît en
ufage : il faudroit à la vérité
quelqu'un de bien habile pour

tirer de son Ouvrage tout le fruit qu'on en pourroit espérer , & en savoir écarter avec art le poison dangereux ; car sa façon de penser sur la Religion , les préjugés & les mœurs de notre Nation, rendent son livre plus préjudiciable qu'utile. Il nous a tracé, dans son Emile, un être fantastique qui n'existera jamais. Le portrait de sa Sophie est plus dans le vrai à quelques égards, & l'éducation qu'il suppose qu'elle a reçue revient assez à celle que je voudrois qu'on donnât aux jeunes Demoiselles. Mais il ne fait qu'effleurer cette matiere ; il ne paroît pas juger les femmes capables de soutenir une certaine éducation ; elles ne font nées, felon lui, que pour plier continuellement fous le joug d'un époux. Il porte même cette opinion au point de décider qu'elles ne doivent point avoir d'autre Religion que celle de leurs maris, & attendre, pour prendre un parti fur cette importante affaire, qu'elles fachent la volonté de ceux à qui elles feront liées. Ma façon de penfer eft bien différente ; c'eft ce qu'on verra dans le cours de cet Ouvrage. Ce célebre Auteur accorde cependant aux femmes plus de fineffe & de délicateffe dans l'efprit que n'en ont d'ordinaire les hommes. Il convient qu'elles les gouvernent à certains égards, & qu'il est bon qu'elles les gouvernent. Si elles gouvernent les hommes à certains égards, il faut donc les mettre à portée, par une bonne éducation, de savoir jusqu'où doit aller cet empire, & de ne le pas fonder sur une beauté passagere & peu durable, mais sur les qualités vraiment aimables, je veux dire celles du cœur & de l'esprit. Le but de mon éducation est d'éloigner de ma jeune Eleve toutes les passions dangereuses à son sexe, & de la rendre aussi sensée qu'aimable. La tâche est difficile : j'entre en matiere.

CHAPITRE PREMIER.

De l'Enfance.

L'ÉDUCATION d'un enfant commence, pour ainsi dire, avec sa naissance ; mais celle de ses premieres années est peu importante : les Nourrices & Gouvernantes l'entendent, pour l'ordinaire, mieux que les meres, par l'usage qu'elles en ont. Apprendre aux enfans à répondre à propos, à faire une politesse bien placée, à dire quelques petites prieres où ils n'entendent rien, à réciter quelques vers ou fables, qu'on s'amuse à leur entendre dire , parceque leur jargon est plaisant : voilà à-peu-près, jusqu'à trois ou quatre ans , à quoi se termine l'éducation enfantine , qui est égale pour les deux sexes. Parvenus à cet âge , on commence à leur apprendre à lire. Employez pour cela la méthode la plus aisée, afin de ne point rebuter l'enfant ; que ce soit plutôt en jouant qu'elle apprenne que comme une leçon ; que la lecture lui serve de récompense , quand elle a été sage & complaisante , c'est le seul moyen qu'elle y prenne quelque goût : faites-lui en même-tems apprendre quelques vers ou phrases par cœur , moins pour l'utilité qu'elle en doit tirer, que pour effayer & développer fa mémoire : ne gênez en rien fes jeux & fa gaieté ; laiffez-la babiller tout à fon aife, & dire hardiment tout ce qu'elle penfera ; c'eft la façon de connoître le caractere qui fe développe dès la plus tendre enfance : reprenez-la doucement fur fes petits défauts ; corrigez avec douceur les mutineries ordinaires à cet âge, mais faites-vous aimer fans vous faire trop craindre. Il faut, dès la plus tendre jeuneffe, acquérir la confiance de l'enfant que vous voulez élever, afin de lui faire goûter plus aifément,

quand il en fera tems , les leçons que vous aurez à lui donner.

Les enfans font naturellement
curieux , & demandent compte
de tout. Profitez de cet inftinct
de la Nature , qui , toujours fage
dans fes opérations , a donné à
l'homme le defir de s'inftruire :
répondez jufte à leurs queftions ;
l'ufage de les tromper eft on ne
pas plus mauvais , & vient de l'i-
gnorance des Gouvernantes ,
qui , ne fachant que dire à des
queftions quelquefois embarraf-
fantes , brufquent l'enfant , ou
lui font un conte : au contraire ,
tirez avantage de cette curiofité ,

mettez fucceffivement fous fes
yeux une infinité de chofes utiles, les productions de la nature,
& les inftrumens des différens
Arts : elle ne manquera pas de
demander ce que c'eft ; d'abord
vous les nommerez , & vous l'ac-
coutumerez à bien prononcer
leur nom ; enfuite vous lui direz
ceux des inftrumens; des machi-
nes. Donnez la préférence à la
nature ; commencez par l'Hiftoire naturelle, d'autant plus que
les objets en font moins compo-
fés; vous l'inftruirez de leurs vrais
noms, en fuivant la même méthode, & commençant toujours
par les plus à portée de l'efprit

de l'enfant ; vous parcourrez
auſſi tous les Arts. A meſure que
ſon eſprit ſe développe, ſes idées
ſe formant, elle fera de nouvel-
les queſtions, qui donneront lieu
à des converſations plus utiles &
plus inſtructives que les leçons.
Parvenue à l'âge d'apprendre,
rien ne lui ſera étranger ; fami-
liariſée avec une infinité de mots
& de choſes, elle comprendra
aiſément ce qu'on lui voudra
dire, & aura, ſans avoir paru
apprendre, autant de connoiſſance que lui en auroit donné
pluſieurs années d'étude. Pour
tirer de cette idée tout le fruit
que vous pouvez deſirer, il ſuffit

de placer devant votre fille, dès qu'elle sait parler, toutes ces différentes choses, sans paroître avoir envie qu'elle s'en occupe, que les objets soient seulement à sa portée; ne la gênez point dans la légereté qui la feroit courir de l'un à l'autre, mais jouez avec elle; paroissez vous amuser de son badinage, & répondez avec douceur & justesse à tout ce qu'elle demande.

Depuis quatre ans jusqu'à sept l'éducation consiste encore en peu de chose, appliquer les noms aux choses; savoir bien lire & le catéchisme, c'est tout ce qu'on peut demander; cependant commencez déja à faire at-

tention à tout ce que vous direz
& ferez en preſence de votre
fille. Elles ſont, à cet âge, ſuſcep-
tibles de l'exemple, & ſouvent
les mauvaiſes habitudes qu'on
leur découvre lorſqu'elles ſont
plus grandes, ont été contractées
dans la plus tendre enfance. Une
petite fille de ſept ans me diſoit
un jour, j'ai un amoureux. Un
amoureux, vous! eh! qu'en faites-vous? ... Nous nous cachons
derriere un paravent pour nous
embraſſer.... Heureuſe diſpoſi-
tion! on rit de ces plaiſanteries
d'enfance, & elles ſont très ſé-
rieuſes. Qu'eſt-ce que l'idée d'un
amoureux à cet âge? Elle eſt fort

imparfaite ; cependant l'enfant
dans fon petit raifonnement y
attache une forte de mal , puifque pour le careffer il fe cache.
Si jamais on n'eut parlé devant
cet enfant d'amour & de myfte-
re, il en ignoreroit le nom & ne
pourroit y penfer. *Il n'y a point
encore de danger* , j'en conviens :
*quand elle fera plus grande , on
y veillera.* Cela peut être ; mais
il ne fera plus tems. Cette idée
gravée dans fon imagination ,
aura fait des progrès. L'imagination fouvent échauffe le cœur,
& il n'eft plus tems alors d'ap-
porter de remede ; le cœur eft
corrompu avant qu'il foit formé.
Mais je reviendrai à cet arti-

cle, lorſque je parlerai du choix
des livres : je le regarde comme
un des plus importans ; c'eſt
pourquoi je m'y arrêterai peut-
être plus d'une fois.

CHAPITRE

CHAPITRE II.

Des Maîtres.

REVENONS à votre enfant de sept ans. C'est alors que l'éducation, proprement dite, commence. On ne peut trop tôt donner des Maîtres ; parceque ce n'est gueres que dans la grande jeuneffe qu'on peut exiger d'une fille une étude fuivie. Si à douze ans elle ne fait rien, diftraite alors par des objets qui frappent vivement fon jeune cœur & la diffipent fans ceffe, elle ne fera plus capable d'apprendre, & fera un jour la femme la plus legere.

B

L'écriture doit fuivre immé-
diatement la lecture : en même-
tems vient le maître à danfer &
à chanter. Quand votre fille
n'auroit point de voix, qu'elle
apprenne toujours la mufique,
cela forme le goût. Rouffeau
n'ofe décider fi c'eft un maître
ou une maitreffe qu'il faut donner à une jeune fille : il trouve
de l'indécence au maître, des
inconvéniens à la maîtreffe. Je
fuis plus hardie, & je décide :
c'eft un maître ; la raifon en eft
fimple, l'ufage étant de donner
des maîtres, les hommes font plus
habiles dans ces arts, que les femmes. Après avoir fait donner à votre fille les premiers élémens par

une maitresse, il faudroit revenir au maître pour le goût & la
perfection : c'est rétrograder &
perdre un tems précieux, & c'est
alors que votre fille étant plus
grande, il pourroit y avoir plus
de danger. Vous n'en voulez
point faire une Actrice de l'O-
péra, ni une Danseuse ; ainsi
qu'elle sache danser proprement
un menuet, & chanter un air
tel qu'il se présente, voilà tout ce
qu'il faut. Pour cela des maîtres
jusqu'à douze ans suffisent : il
n'est point à craindre que si jeune les maîtres lui tiennent des
propos indécens. De plus, que
les leçons se donnent toujours
en votre présence, ou en celle

de quelqu'un dont vous êtes bien sûr.

Il faut aussi, dès l'âge de sept ou huit ans, lui mettre la main sur le clavessin ; c'est un instrument très long à apprendre, & où il faut que les doigts soient rompus de bonne heure pour y réussir ; mais il faut un maître pour plusieurs années, & dix ou douze ans ne sont pas trop pour y devenir un peu habile, encore l'accompagnement & la composition n'y seront-ils pas compris. Comme une fille garde ce maître très long-tems, prenez-le de bonnes mœurs autant qu'il sera possible, & cependant soyez exactement pré-

fente aux leçons : fouffrez peu de
converfations ; que le tems foit
employé uniquement à l'étude.

Qu'elle ait un maître d'a-
rithmétique : la fcience de cal-
culer eft indifpenfable à quelqu'un qui eft deftiné à avoir un
jour une maifon à conduire ,
fans quoi l'on eft fouvent trom-
pé , ou tout au moins dans la
poffibilité de l'être. Joignez-y un
maître de géométrie élémentai-
re ; je ne veux pas dire que vous
faffiez de votre fille une mathé-
maticienne , la géométrie n'eft
autre , que la fcience des chofes,
elle rend l'efprit jufte & confé-
quent ; avantage trop important
pour le négliger.

Malgré ces maîtres qui peuvent occuper quatre à cinq heures, il vous reste encore bien du tems dans la journée, une heure ou deux doivent être consacrées à l'étude de la religion ; le reste à la récréation & à l'ouvrage. Montrez à l'enfant tout ce qu'une femme peut savoir en ouvrage d'éguille, & donnez-lui-en le goût par la diversité de ses travaux & le peu de gêne que vous y mettez ; encouragez-la par le desir qu'elle aura d'être bien mise, & faites-lui sentir qu'elle le sera mieux ou plus mal, par ce qu'elle fera pour y parvenir. Qu'elle fasse elle-même tous ses chiffonnages. Si vous êtes riche, cela lui eft inutile, parcequ’elle peut les acheter, il eft vrai ; mais cela la rendra adroite & lui fera connoître la valeur de chaque chofe. Si, au contraire, vous êtes pauvre ou jouiffez d’une fortune médiocre, cette œconomie vous eft néceffaire : vous la mettrez à portée d’être mife comme toutes les autres Demoifelles de fon âge; ce qu’elle ne pourroit pas fans cela, & lui donneroit une jaloufie qui n’eft que trop ordinaire non - feulement chez les jeunes perfonnes, mais fouvent même entre les femmes : cette jaloufie ou le goût de la parure en a perdu plufieurs.

B iv

Dès l'âge de dix ans , que votre fille ne vous quitte plus : menez la partout ; point de gouvernante affidée , point d'amitié intime avec d'autres jeunes filles moins bien élevées ; point de confidence : toutes ces chofes font trop dangereufes. Mais , dira-t-on , cette éducation eft trop fevere, & trop gênante pour la mere elle-même. Pour trop fevere , je ne le penfe pas ; la douceur de votre commerce ; la complaifance de la mere pour la fille dans toutes les chofes de peu de conféquence ; le peu de gêne qu'elle lui impofe dans toutes les chofes permifes ; la diffi-pation des promenades & des

cercles , lui feront aifément paffer tout ce que d'ailleurs on exi-
gera d'elle. Quant à la gêne de
la mere , elle eſt grande j'en conviens ; mais une femme , dès
qu'elle eſt devenue mere , doit
renoncer à elle - même , pour ne
penfer qu'à l'éducation de fes
enfans , finon elle ne mérite pas
la qualité de mere. La nature en
vous faifant mere , vous en im-
pofa les devoirs ; c'eſt à vous de
les remplir. Si vous n'en êtes
pas capable, fuivez le train ordinaire , mettez votre fille au
couvent, ne la retirez que peu
de tems avant de la marier ; &
cependant depuis ce moment
jufqu'à celui de fon établiſſe-

ment , ne la quittez pas encore. Mais je ne parle qu'aux meres qui veulent elles-mêmes élever leurs filles , & qui se sentent as- sez de courage pour entrepren- dre & exécuter ce que je leur propose.

Que votre fille soit persuadée de l'amitié que vous avez pour elle , & que tout ce que vous en exigez est pour son bien. Mais si votre tendresse va jusqu'à la foiblesse , qu'elle l'ignore : un enfant se fonde la-dessus , & il est rare qu'il n'en abuse pas. Que ce que vous voulez qu'elle fasse , soit toujours dicté par la raison , jamais par le caprice ; exigez-le avec fermeté , jamais avec humeur ; corrigez-la avec douceur ; louez-la avec ménagement. Si elle est jolie , qu'elle l'ignore autant qu'il est possible ; si vous ne pouvez empêcher qu'elle en soit instruite, faites-lui sentir , & autant que vous le pourrez par des exemples , que la beauté sans le caractere n'est rien ; que la beauté passe comme l'ombre , & que le caractere seul reste. Si , au contraire , elle est laide , ne lui en parlez jamais, elle en seroit trop humiliée ; ou si vous êtes forcée de lui retracer quelquefois sa figure , que ce soit en lui faisant comprendre avec douceur qu'elle est plus obligée qu'une autre de ré-

parer les torts de la nature , en
se formant un cœur & un caractere dont on puisse faire l'éloge
le plus avantageux.

Qu'elle ignore l'état de votre
fortune. Si vous êtes riche, elle
en deviendra orgueilleuse , mé-
prisera toutes les jeunes personnes moins riches qu'elle , croira
que tous les défauts lui sont permis , que ses biens suffisent pour
donner un vernis à toutes ses fantaisies. Si vous êtes pauvre , elle
en sera découragée ; son orgueil
trop abattu enveloppera pour
ainsi dire toutes les facultés de
des ame ; elle ne s'occupera que
son moyens de sortir de l'état mi-
sérable où elle se croit condam-

née ; cette idée croîtra avec elle & la fera se jetter à la tête du premier homme qui lui paroîtra l'aimer ; ce qui peut avoir, malgré l'attention de la mere, les conséquences les plus dangereuses.

Que votre fille soit donc persuadée que vous jouissez d'une fortune médiocre, qui vous met à portée de satisfaire honnêtement son goût, & de lui faire un établissement convenable. Qu'elle ne connoisse la vérité de votre situation, que lorsque la raison étant formée, vous n'en craindrez plus aucun inconvenient, ce qui sera un peu plutôt ou plûtard, suivant que l'esprit de la jeune perſonne eſt plus ou moins avancé : ce peut être pour l'ordinaire vers ſeize ans ; les circonſtances peuvent ſeuls décider des parens prudens du tems où ils doivent mettre leurs enfans au fait du vrai de leur ſituation.

Ne ſouffrez jamais que votre fille prenne aucune liberté avec les hommes, ni les hommes avec elle, même dès ſa plus tendre enfance, pas même avec un vieillard, pas même avec ſes freres. On s'accoutume à ces libertés inſenſiblement, on s'en permet & on en accorde de plus grandes ſans en ſentir la conſéquence ; un pas de plus eſt

bientôt fait., on le franchit, &
on est perdu sans s'en apperce-
voir.

Quand je dis point de fami-
liarité avec les freres, j'entends
de ces badineries indécentes,
qui ne font que trop ordinaires
dans les enfans ; car je fuis bien
éloignée de condamner l'amitié de la fraternité : au contraire, je la recommande comme le
plus doux lien des familles &
& leur plus grand bonheur. Inf-
pirez donc à vos enfans une
grande amitié l'un pour l'autre ;
mais ne fouffrez point de fami-
liarité : que les meres les veil-
lent avec attention. Combien
de chofes ne pourroit-on pas

dire fur une matiere fi délica-
te ? C'eft à une mere prudente
à étudier affez parfaitement le caractere de fa fille, pour décider
elle-même jufqu'où elle peut porter la confiance en elle. Il ne faut
l'inftruire ni trop, ni trop peu ;
l'une & l'autre eft également
dangereufe. Il n'eft pas poffible
de donner fur cet article de confeil plus étendu.

La modeftie eft le plus cher
appanage du fexe : cette vertu
eft de tout âge ; une femme doit
être modefte comme une jeune
perfonne. On ne peut trop tôt
leur infpirer ce fentiment. Il
faut être modefte non par principe, mais par goût : la modeftie

tie de principe eſt de peu de du-
rée, l'occaſion la détruit : celle
de goût eſt la ſeule qui ſubſiſte.
Je ne parle point de cette modeſtie de Dévote, qui ſe ſcanda-
liſe de tout ; j'y ai peu de foi,
c'eſt ſouvent le maſque d'un
cœur corrompu : mais j'entends
cette modeſtie effective, qui
craint & fuit le mal, pour le
mal en lui-même, non pour ſes
conſéquences ; qui faıt ſe prêter
à la plaiſanterie décente, & qui
ne fait point de crime d'un mot
dit en l'air, ou d'une main bai-
ſée.

Que votre fille & tous vos enfans en général ne ſoient point
inſtruits ſi vous avez quelques
C

démêlés entre le mari & la femme ; & quand même la mere regarderoit sa fille comme son amie, elle ne doit jamais lui faire des plaintes de son mari. Dans ces cas il arrive de deux choses l'une, ou que l'enfant prend parti entre son pere & sa mere, & se déclare pour celui des deux qu'il aime le plus, en méprisant l'autre; ou qu'il en prend occasion de les méprisér tous deux. De-là naît une indocilité à leurs leçons, qui fait perdre tout le fruit de la bonne éducation que leurs parens vouloient leur donner, & peut causer bien des chagrins aux peres & meres. Ainsi quand vous vous trouveriez malheureu-

[35]

fement dans le cas d'avoir befoin
de confolation pour l'intérieur
de votre maifon , adreffez-vous
à quelque ami fage & prudent ,
& jamais à vos enfans , à moins
qu'ils ne foient d'un âge à être
vos véritables amis , préférable-
ment à tous autres , & que vous
ne les croyez capables de faire
revenir leur pere.

CHAPITRE III.

Des Maîtresses.

VOTRE fille parvenue à l'âge de douze ans, n'est plus un enfant, & ne doit plus être traitée comme telle. Je la suppose à cet âge, sachant danser & chanter proprement, & n'ayant plus ces deux maîtres, du moins le premier ; commençant à toucher le clavessin joliment, ou tel autre instrument ; sachant ce qu'on apprend par cœur de la Religion, & quelque chose de l'Histoire sainte ; travaillant à tous les ouvrages utiles à son sexe, non-seulement aux agréables, mais aux nécessaires. C'est alors qu'une étude plus sérieuse va commencer. Aux maîtres à chanter & à danser, vous substituez une maîtresse d'Histoire, de Géographie & de Dessein. Je dis maîtresse, parceque ne voulant pas faire de votre fille une Géographe, ou une Dessinatrice, une teinture de ces sciences lui suffit. Il faut qu'elle apprenne l'Histoire de son Pays ; il y a pour cela des abregés qui sont fort bons. Pour la Géographie, qu'elle connoisse bien la carte de l'Europe, surtout celle de son Pays, cela lui est nécessaire, afin de pouvoir parler comme une autre quand l'occasion s'en présentera , ou du moins ne pas s'ennuyer quand elle en entendra parler ; du reste qu'elle ait une teinture des Pays étrangers , des quatre parties du monde , des différentes Colonies ; & qu'elle ne soit pas dans le cas de faire des questions ineptes qui apprêtent à rire à ceux qui les entendent.

Quant au Dessein , je regarde la figure comme totalement inutile aux femmes : savoir dessiner des fleurs joliment , & correctement un paysage , il ne leur en faut pas davantage, cette science étant pour elle plutôt de simple amusement que d'utilité. Il lui faut faire étudier la Grammaire ,

afin qu'elle sache parler sa lan-
gue, que la plûpart des femmes
estropie, ce qui ôte beaucoup d'a-
grémens dans la conversation ;
& l'orthographe, pour que son
écriture soit correcte. Le style
le plus agréable perd beaucoup
à être mal orthographié & mal
ponctué, parcequ'il est plus difficile à lire.

Je voudrois y joindre une
maîtresse d'Histoire naturelle &
& de physique. Il seroit fort à
souhaiter que quelque homme
capable voulût prendre la peine
d'en composer un cours à l'usage
des Demoiselles; c'est-à-dire,
que sans approfondir les parties
qui leur sont inutiles, elles en

fuſſent les élémens & la cauſe d'une infinité de choſes natu-relles , qui ne ſurprennent que parcequ'on les ignore. Quelle reſſource contre l'ennui, ſi une femme retirée dans ſa campa-gne , ſavoit s'occuper des ſecrets de la nature , & l'admirer dans ſes productions ! Quelle utilité même pour l'agriculture,aujour-d'hui ſi en recommandation ! On peut faire lire à ce ſujet le Spectacle de la Nature, de M. Pluche , écrit préciſément pour la jeuneſſe ? La Phyſique expé-rimentale, de M. l'Abbé Nolet, peut auſſi inſtruire, en même-tems qu'elle amuſe. Les Dames de Paris ont elles-mêmes juſtifié ma façon de penfer, puifque le goût pour la Phyfique fût fi grand il y a quelques années, qu'une Dame n'étoit pas du bon ton, quand elle n'avoit pas fait fon cours. Ces fciences, qui font fatisfaifantes, feront plutôt un délaffement pour votre fille, qu'une étude férieufe : elle aura une teinture de tout ce qu'il eft utile de favoir : elle faura parler à propos, placer des chofes qui lui feront honneur, ou, tout au moins, elle s'amufera en fe formant l'efprit.

Ne croyez pas qu'en faifant apprendre toutes ces chofes à votre fille, vous en faffiez une fille favante, chofe que l'on redoute beaucoup , & à laquelle on a attaché mal-à-propos un ridicule. Elle fera encore fort éloignée d'être favante, & ne faura précifement que ce qu'il faut pour ne pas être ignorante. Dût-elle paffer pour favante, il y a encore un grand avantage à lui faire employer depuis douze ans jufqu'à feize , à ces différentes études. Le goût du monde & de fes plaifirs fe développe de bonne-heure chez les femmes. A peine fe connoiffent-elles, qu'elles fentent qu'elles font faites pour y jouer un rôle agréable. Elles favent que ce rôle ne commencera que quand elles feront mariées , qu'elles auront alors une maison, un équipage; enfin qu'elles seront maîtresses. De là vient dans la plûpart des jeunes personnes, ce goût décidé & cet empressement qu'elles paroissent avoir pour le mariage. N'ayant point l'esprit occupé par aucun objet sérieux, elles se livrent tout entieres, à ce goût, qui leur fait desirer un établissement que des parens ne veulent ou ne peuvent pas faire encore de quelques années. La jeune personne s'ennuie, se dégoûte de la maison paternelle, cherche à se dissiper, soit par de mauvaises lectures faites à la dérobée, soit par une étude de coquetterie naturelle au sexe, & qui quelquefois

le mene loin. Je préviens cet inconvénient , en occupant ma
jeune éleve par une étude férieufe , & cependant fatisfai-
fante , qui éloigne d'elle toute
autre idée , & qui en lui formant
l'efprit & en le rendant plus fo-
lide , la met à portée de réfifter à
la féduction du monde quand
elle y fera livrée.

CHAPITRE IV.

De la Religion.

A CES études , il s'en joint une autre plus importante , qui doit durer environ une année ; c'eſt celle plus approfondie de la Religion. Il faut la préparer à ſa premiere communion. Elle doit être un peu plus retirée pendant ce tems , & l'employer à une lecture attentive de l'Ecriture-Sainte. L'ancien Teſtament , à l'exception des Proverbes dont je trouve la lecture dangereuſe quand on n'a pas l'eſprit formé,

le nouveau Teſtament & quelques Livres moraux , doivent
remplir le vuide que lui laiſſent
ſes autres occupations. Eloignez
d'elle , avec ſoin , tout livre myſ-
tique : je les trouve très dangereux ; ou ils donnent un fanatiſ-
me ridicule , ou le même lan-
gage s'emploie dans une occaſion differente. En tout, je pen-
ſe qu'ils ne ſont propres qu'à
énerver & amollir le cœur. Eloignez avec encore plus de ſoin
les livres de parti : une femme
n'étant point faite pour les diſ-
putes ſcholaſtiques , elles doivent peu lui importer : la foi du
Charbonnier eſt la ſeule qui lui
convienne. Qu'elle liſe l'hiſtoire

de l'Eglife , afin de connoître
quels maux ont occafionnés les
différens partis , & les difputes
élevées & foutenues fouvent par
des haines particulieres , par in-
térêt , ou par entêtement , plutôt que par aucun motif raifon-
nable. Enfin que d'après fes lectures elle fe convainque de la
vérité de la Religion catholi-
que , pour la profeffer dans la
fimplicité de fon cœur , non pour
en raifonner. Rien n'eft plus
dangereux , en fait de Religion ,
que le raifonnement ; il eft rare
qu'il n'égare pas. On eft fouvent
expofé dans le monde à en entendre parler : de jeunes gens la

tournent en ridicule ; des gens d'efprit la combattent & ont des raifonnemens fpécieux qui femblent la détruire. Que votre fille en ait été affez inftruite dans fa jeuneffe , pour qu'ils ne l'ébranlent point quand elle les entendra ; mais qu'elle n'entreprenne point de les combattre , ce n'eft point fon fait. Elle feroit d'ailleurs fort étonnée de fe voir battue des mêmes armes qu'elle eût voulu employer pour la défendre. Les athées font les feuls contre lefquels on peut difputer avec fuccès ; mais il en eft peu. Les Sectateurs de la Religion naturelle font en plus grand nombre

nombre qu'on ne penfe, & ont des raifonnemens & des confé- quences fi captieufes, que les plus habiles Théologiens ont befoin de toute leur fcience pour les détruire. Le feul parti qu'une femme ait à prendre dans ces fortes de converfations, eft d'impofer filence fi elle en a le pouvoir, ou de garder elle-mê- me un filence profond. Cette di- greffion eft un peu longue, l'im- portance du fujét m'a entraînée malgré moi. Je reviens & ter- mine cet article de la Religion, en recommandant à la mere de ne pas faire de fa fille une dé- vote, telle qu'on entend ce mot dans le monde, fans ceffe à l'E-

D

glife , & se fiant sur sa dévotion
extérieure pour se passer bien
des défauts , & mal penser du
prochain , en interprétant ma-
lignement des actions innocen-
tes en elles-mêmes , & où l'étour-
derie peut-être a seule part , mais
une femme essentiellement ver-
tueuse & chrétienne , indulgen-
te sur les fautes des autres femmes , & les attribuant plutôt à la
foiblesse de l'humanité , qu'à
aucun vice réel.

Je n'entends pas que ce sera
depuis douze ans jusqu'à seize,
que l'esprit de la jeune personne
sera assez formé pour parvenir à
la perfection dont je parle ; c'est
le fruit des réflexions d'un âge

[51]

plus avancé : mais j'entends que
la mere la difpofe infenfible-
ment à cette façon de penfer,
par les fages leçons qu'elle lui
donne fuivant les circonftances;
qu'elle lui apprenne furtout à ne
jamais méprifer une femme qui
a fait une faute, mais à la plain-
dre ; qu'elle lui faffe fentir que
dans pareille occafion elle fût
devenue peut-être auffi coupable,
ou que fi elle eût fu s'en garantir,
elle le doit aux fages précau-
tions qu'on a prifes dans fa jeuneffe, & à la bonne éducation
qu'elle a reçue, & qui a peut-
être manqué à la femme dont il
eft queftion. En tout, qu'une
femme ne s'enorgueilliffe jamais

d'avoir été vertueuſe ; il peut arriver telle circonſtance , que comptant trop ſur ſa vertu , ce ſera le moment où elle en manquera. Je dirois volontiers de certaines femmes , ce que les Eſpagnols diſent de leurs Généraux : il fut brave un tel jour. Cette vérité eſt humiliante pour le ſexe , il eſt vrai ; mais en eſt-elle moins vraie ? non. Ne cherchant ici qu'à prévenir dans leur éducation toutes les fautes qu'elles peuvent faire par la ſuite , je me ſuis cru permis de dire naturellement ce que j'en penſois , & j'ai rangé cet article après la Religion , regardant l'indulgence ſur les défauts du

[53]

prochain, comme en étant une
des principales branches, & fans
contredit la plus négligée ; le
bon efprit & la douceur font
d'ailleurs le plus bel appanage
du fexe.

CHAPITRE V.

Des Lectures.

A SEIZE ans il n'est plus d'étude, & ce n'est plus avec votre fille que vous avez à vivre, mais avec votre compagne; & bientôt ce sera votre amie, & vous serez la sienne, si vous avez su gagner sa confiance dans sa tendre jeunesse. N'ayant plus de maître qui l'occupe, elle n'étudiera qu'autant que le goût l'y portera. Ses journées, jusqu'alors si occupées par ses differens exercices, lui paroitroient bien longues, si elles étoient uniquement employées à la toilette & à

[55]

la diſſipation : ſon cœur eſt encore trop peu formé pour la
laiſſer jouir d'une ſi grande oiſi-
veté. Le travail de ſon ſexe ne
ſuffit pas , parcequ'il ne peut
occuper l'imagination : il faut
donc remplir ce vuide par la lecture , & ne point paſſer de jour
où il n'y ait quelque tems qui y
ſoit conſacré ; non des heures
fixes , cela auroit l'air d'étude ,
& l'ennuieroit à la longue ; mais
des heures de loiſir , qui pourtant feroient , à mon avis , les
mieux employées. Le choix de
ces lectures eſt important , &
& c'eſt à l'Hiſtoire que je donne
la préférence. *Quoi ! toujours du
ſérieux*, dira-t-on ? *point en-*

core de *Livres agréables ? & les*
Romans ne font-ils pas faits pour
amufer l'efprit , même pour le
rendre plus gai par leur ftyle le-
ger ? Oui , je fuis toujours pour
le férieux , & j'ai raifon , il forme l'efprit : de plus , la lecture
de l'Hiftoire eft férieufe , il eft
vrai, mais point ennuyeufe ; l'en-
chaînement des faits qui fe fuc-
cedent, l'étonnant & le motif des
révolutions , les mœurs des hommes de chaque Pays , intéreffent
en même-tems qu'ils inftruifent,
& font cent fois plus amufans ,
que le Roman le mieux écrit. De
plus , ils vous rendent l'efprit
jufte , en peignant les hommes
tels qu'ils font , & le Roman les

peint toujours imaginaires.

Je trouve un grand danger dans la lecture des Romans, & je ne les voudrois permettre que quand l'esprit est assez formé pour distinguer le vrai, du faux. Il est, dira - t - on, tel Roman châtié, qui ne peut qu'amuser, & même qu'inspirer la vertu; elle y est toujours récompensée. Oui; mais quel est le motif de la vertu héroïque des Romans? C'est un amour réciproque; amour si grand qu'il éleve l'ame au - dessus d'elle - même, & fait de part & d'autre des prodiges incroyables de vertu. Tel est le précis des deux tiers de ce que nous appellons bons

Romans. Quelle idée voulez-vous que la jeune perſonne prenne , d'après cette lecture ? la conſéquence m'en paroit ſimple. L'amour eſt une paſſion , dira-t-elle ; mais elle mene aux plus grandes choſes : elle a ſes peines , mais la conſtance en triomphera : elle égale le ſceptre & la houlette ; enfin c'eſt un ſentiment naturel , & dont il eſt impoſſible de ſe défendre. D'après ces conſéquences toutes fauſſes en leurs principes, quelle ſera la conduite de la jeune perſonne ? elle deſirera un attachement , ou, tout au moins, d'être aimée , afin de mettre en pratique les leçons que ſes lectures lui ont données.

Ceci paroît outré. On m'ac-
cusera d'un rigorisme ridicule.
Je ne suis rien moins que rigoriste
& je soumets volontiers mon ju-
gement à des gens plus habiles
que moi ; je dirai seulement que
cette réflexion m'est venue de la
conduite de quelques femmes
que j'ai connues, & qu'il étoit
clair que la lecture des Romans
avoient perdues. Toujours est-il
certain que toutes les fois qu'on
a une idée fausse sur quelque
chose que ce soit, & qu'on agit
d'après cette idée, on ne peut
faire que de fausses démarches.

Si vous voulez absolument de
la dissipation dans vos lectures,

je préférerois des contes de Fées, & les contes Arabes, au Roman le mieux écrit. C'est, direz-vous, tomber dans une bien plus grande faute que celle que je voulois éviter. Non, le merveilleux de ces contes amusera votre jeune personne ; mais jamais elle ne le croira : plus le Roman est vraisemblable, plus il est dangereux. Si elle n'a pas d'esprit, elle a tout au moins du bon sens; l'éducation qu'elle a reçue, lui donne assez de connoissance, pour se dire que ce merveilleux est impossible. Elle ne le prendra que pour ce que c'est; c'est-à-dire, des Contes uniquement faits pour l'amusement. Il y a auſſi quelques Contes moraux, qui ſont très bons. Don Quichotte, Gilblas, Gulliver & pluſieurs autres : n'en eſt-ce pas aſſez pour s'amuſer, ſans recourir aux Romans dangereux. Joignez-y quelques Poëſies ; je ne vois pas même d'inconvénient d'y mêler des Pieces de Théâtre ; on peut choiſir dans le nombre, celles qui paroiſſent les meilleures. Des Comédies de caracteres & de belles Tragédies ne ſont propres qu'à former l'eſprit, ſans pouvoir gâter le cœur. Il eſt bien quelques Tragédies que je retrancherois ; de ce nombre ſeroient Atrée & Thieſte, & quelques autres de ce genre. Zaïre

ne feroit point lûe , que l'efprit
ne fût formé. Il y a des traits fur
la Religion qui n'échappent pas
à la lecture , & qui renferment
trop de poifon : j'en craindrois
moins la repréfentation , parceque occupé du jeu des Acteurs,
on fait moins d'attention aux ma-
ximes répandues çà & là dans le
cours de la Piece ; mais cette to-
lérance de fpectacle eft encore
fubordonnée à la prudence de la
mere, & à la connoiffance qu'elle a du caractere de fa fille.

Je ne confeillerois donc que
les Livres dont je viens de parler, & j'attendrois pour les Romans, quels qu'ils fuffent, que
votre fille fût parvenue à l'âge de

dix-huit ou vingt ans. Alors, l'efprit formé par l'éducation que
vous lui avez donnée , & par l'u-
fage du monde qu'elle commencera déja à acquérir , y ayant été
de bonne-heure , il n'eſt plus à
craindre qu'elle ſe forme des
idées trop éloignées du vrai.

Si dans ſes lectures d'Hiſtoire,
ſon goût la porte à faire quelques extraits , ne vous y oppoſez
pas , cet uſage ne peut être que
bon. Il aide la mémoire & y gra-
ve plus nettement les faits , il
forme le ſtyle & occupe l'imagination , tous avantages réels.

Je voudrois joindre à toutes
ces occupations , une étude ſu-
perficielle du blaſon. Il eſt bon

de ſavoir blaſonner des armes,
& les diſtinguer , ſi l'occaſion
s'en préſente ; c'eſt de toutes les
ſciences la plutôt appriſe , &
celle auſſi qui s'oublie le plus
aiſément ; c'eſt pourquoi je ne
trouve pas à propos qu'on l'apprenne dans la grande jeuneſſe,
on l'a oubliée avant d'être dans
le cas d'en faire uſage. Il faut
auſſi avoir une teinture de la fa-
ble , pour ne pas confondre les
divinités du Paganiſme , & ſavoir à peu près quels ſont les ſu-
jets des Poëſies. On peut faire
lire les Métamorphoſes d'Ovi-
de, l'Iliade, l'Odyſſée , & en général tous les Poëmes épiques.

Voilà un plan de lecture aſſez
étendu,

étendu, pour remplir bien des années , & occuper agréable- ment & férieufement une jeune perfonne.

Je defirerois que quelque Ju- rifconfulte , un peu amateur du fexe, fît à fon intention un Trai- té , dont l'épineux des loix fût ôté , & où l'on pût prendre une teinture de ce que c'eft que les affaires , & qu'elle eft la con- duite que l'on peut à-peu-près tenir dans telle ou telle circonf- tance ? En vain dit-on que les Procureurs ou Avocats font def- tinés à fervir de confeil à ceux qui font dans le cas d'en avoir befoin. Souvent on fe trouve dans des Provinces deftituées de gens habiles; d'autrefois l'avidité de ces mêmes perſonnes, vous expoſe à entamer des affaites nonſeulement incertaines , mais même injuſtes. Mais , dira-t-on , un mari y ſupplée. Non , il ſe peut faire ou que votre fille ne ſe marie pas , ou que ſon mari ait des occupations qui ne lui permettent pas de ſe livrer aux affaires domeſtiques, ce qui arrive ordinairement aux Militaires; ou que reſtée veuve avec des enfans, elle ait le bien de ſa Famille à gouverner. Il ſeroit donc fort à ſouhaiter qu'on pût donner aux jeunes perſonnes une connoiſſance legere de la marche des différens Tribunaux , &

des conséquences que peuvent
avoir telles ou telles démarches.
Que fans avoir étudié les loix
comme un Avocat, elles en fuffent à-peu-près l'efprit. Cette
connoiffance feroit fort utile.
Souvent l'ignorance des affaires
a ruiné des familles entieres. Le
danger qu'il y a, dit-on, à la
plûpart des femmes de les inftruire de la chicanne, c'eft que
fe croyant plus habiles que d'autres, elles deviennent proceffi-
ves. Pour remédier à cet inconvénient, perfuadez à votre
fille un point de fait. La loi
eft fondée fur deux motifs ; la
juftice & la raifon. Si elle a
eu quelquefois befoin d'inter-

prétation, c'est que l'esprit de l'homme ne pouvant être universel, n'a pû embrasser sous un même point de vûe, la quantité prodigieuse d'évenemens qui arrivent & qui varient autant que la malice des hommes, & se multiplient à l'infini. Notre conscience & notre raison doivent être notre premiere loi. C'est l'Auteur de la nature qui l'a gravée dans notre cœur, & c'est avec elle que nous devons juger d'abord & sans partialité (c'est-à-dire en se dépouillant du *moi personnel*)', si l'affaire que nous entreprenons est juste ou injuste. Si les affaires étoient ainsi discutées au tribunal de la

raiſon, avant que d'être portées
devant les Juges, elles ſeroient
moins nombreuſes.

Je ne puis donner aucune re-
gle pour cette connoiſſance du
Barreau, que je deſirerois qui
fût donnée au ſexe, ni ayant
juſqu'à préſent aucun ouvrage
qui la facilite ; je ne puis qu'en
repréſenter l'utilité, & encourager par cette raiſon des gens habiles à y travaille r

L'on dira peut-être que ce
plan d'éducation eſt merveilleux
pour Paris, ou pour toute grande
Ville où l'on a des ſecours de
toute eſpece : mais que ſi c'eſt
ainſi qu'il faut être élevé pour
réuſſir dans le monde, que de-

viendront les filles de Provinces,
ou élevées à la campagne ? Je
conviens qu'on n'a pas partout
les secours des Maîtres qu'on
trouve à Paris ; mais à ce défaut
attachez - vous uniquement au
solide, c'est-à-dire à former le
cœur & le caractere. De plus,
on peut avoir dans les Provinces les plus reculées, des Livres
comme à Paris, & avec ce secours on apprend bien des choses. Il n'y aura donc que les Arts
purement d'agrément que votre fille ignorera ; ce qui ne peut
faire un défaut pour la société.

CHAPITRE VI.

De l'Etablissement.

A DIX-HUIT ANS, votre fille saura bien des choses, soit pour les avoir apprises par cœur, soit simplement par la lecture. A cet âge elle devient votre amie la plus fidelle, & doit être traitée comme telle. Vous ne devez plus avoir de secrets pour elle, elle partage vos amusemens & vos peines. C'est par votre confiance que vous attirerez la sienne ; vous devez l'instruire de la conduite qu'une femme sensée peut & doit tenir dans le monde ;

vôtre maison devient la sienne ,
c'est-à-dire qu'elle doit y être
auſſi maitreſſe que vous , & ſe
mêler ſous vos yeux des détails
domeſtiques , afin de ſavoir gouverner avec œconomie & ho-
norablement la fortune dont elle
doit jouir. Vous pouvez alors
lui expliquer quelles ſont vos
vûes pour ſon établiſſement, afin
qu'inſtruite de vos idées, elle ne
les porte pas elle-même ou trop
haut, ou trop bas. Promettez-lui,
& lui tenez vôtre promeſſe , que
vous ne déciderez rien ſur ſon
ſort ſans l'avoir conſultée. Certaine de n'être point liée ſans
ſon conſentement ; elle ne ſera
point inquiète , & attendra tran-

quillement ce que vous aurez à
lui dire. Je ne prétends pas dire
que vous lui rendiez compte de
tous les partis qui se présente-
ront , & que vous refuserez ;
mais, que quand vous en aurez
trouvé un sortable , & que vous
serez presque certaine de votre
choix , avant d'engager votre
parole , que vous en parliez à
votre fille , non comme d'une affaire décidée, mais comme d'une
chose proposée , & qui pourroit
convenir. Il est à présumer que
votre fille accoûtumée à voir par
vos yeux , & à approuver tout
ce que vous faites , consentira à
ce que vous proposerez. Que si
cependant elle a quelques objec-

tions à vous faire, écoutez - la avec bonté, & cherchez à les détruire avec douceur, non par autorité. Que si ces objections font mal fondées, & qu'elle y foit obftinée, vous devez penfer que la jeune perfonne a quelque inclination qui vous a échapé malgré toute votre attention, ce qui cependant eft rare.

S'il en eft ainfi, n'infiftez pas davantage, paroiffez vis - à - vis de votre fille avoir renoncé à l'idée que vous aviez, agiffez avec elle avec la même douceur qu'avant; & cependant examinez avec l'attention la plus fcrupuleufe toutes fes démarches, mais fans qu'elle puiffe s'en douter. Bien-tôt vous ferez inftruite de ce que vous voulez favoir , fon cœur eft trop innocent pour qu'elle foit diffimulée.

Si vous découvrez qu'elle a effectivement un attachement, informez-vous du Sujet : s'il eft bon,& fi fes mœurs & fa conduite juftifient le choix de la jeune perfonne; alors, fans la prévenir, concluez ce mariage , quand il feroit moins riche, moins avantageux que celui auquel vous aviez penfé, votre unique but étant de rendre votre fille heureufe. Sacrifiez un brillant apparent à un bonheur réel , & croyez que quelque rapport dans les goûts ou dans le caractere, a formé la liaison de ces jeunes gens. Alors certaine du bonheur de votre fille, vous ne lui apprendrez qu'au moment où elle ne le pourra plus ignorer, & vous lui ferez sentir que le mystere que vous avez observé avec elle dans cette occasion, est la punition du peu de confiance qu'elle a eue pour vous. Cette leçon, donnée dans le moment où vous la comblez de vos bontés en sacrifiant votre goût au sien, lui sera d'une grande utilité, & lui servira pour toute sa vie.

Si malheureusement son inclination ne peut être justifiée, ou qu'il soit impossible de l'unir à ce qu'elle aime, ne croyez pas remédier à tout inconvénient , en vous hâtant de l'établir contre son goût , ou en agiffant avec rigueur ; les paffions gênées en font plus vives , & fouvent la conftance naît des contradictions ; c'eft alors que vous avez befoin de toute votre douceur & de la plus grande dextérité.

Comme je fuppofe votre fille, d'après l'éducation qu'elle a reçue , vertueufe & fenfée , commencez par lui promettre de renoncer aux idées que vous aviez pour fon établiffement , tant qu'elle s'y oppofera ; faites - lui connoître enfuite que cette oppofition ne peut venir que d'un mauvais principe, & que vous l'avez fu démêler. Menez-la de conféquence en conféquence, & faites-la convenir elle-même que fon choix ne peut être jufti-fié, par telle ou telle raifon. Ci-tez-lui des femmes, & les exem-ples n'en font que trop fré-quens, qui fe font fait un tort ir-réparable, en ne prenant que leurs paffions pour guides. Citez-lui-en qui ont fû furmonter ces mêmes paffions, & les faire cé-der à la raifon. C'eft le cas de lui faire connoître le monde dans fon intérieur, c'eft-à-dire de fai-re tomber le mafque brillant qui le cache, & de l'inftruire d'une infinité de refforts cachés où le vice feul conduit tout. Peignezlui les hommes, non comme des monſtres qu'il faut toujours fuir, mais tels qu'ils ſont en effet, cherchant à plaire aux femmes, à s'en faire aimer, & méprifant en effet celles qui ſont trop crédules; ſans ceſſe en oppoſition de leur façon de penſer à leur conduite. C'eſt alors que vous avez beſoin de l'armer d'un héroïſme qui la défende contre ſa propre foibleſſe. Il eſt preſque impoſſible que cette ſage conduite de votre part ne la ramene, & ne la faſſe, au bout de quelque tems, renoncer à une paſſion qui n'eſt point ſoutenue par l'eſpérance, & conſentir enfin à vos deſirs.

On dira peut-être, que cette
longue leçon est fort inutile, &
qu'une fille élevée avec soin sous
les yeux de sa mere, n'est pas à
portée de se livrer à aucune inclination. Cela est rare, j'en
conviens ; mais enfin cela peut
arriver, sur-tout si votre fille n'est
pas mariée dans la grande jeunesse, & je vois que la plûpart
des parens se conduisent si mal
dans ces sortes d'occasions, que
j'ai cru pouvoir risquer d'exposer
mes idées, d'autant plus qu'il
n'en résulte, ce me semble, aucun inconvénient.

CONCLUSION.

CONCLUSION.

IL me reste peu de chose à dire
sur l'Education , & ce Traité est
déja assez long pour quelqu'un
qui n'a pas prétendu faire un livre. J'ajouterai seulement que
dans les sages leçons que vous
donnerez à votre fille, vous aurez soin d'écarter d'elle toutes
les petites fantaisies auxquelles
une infinité de femmes sont su-
jettes, & qui sont autant de ridi-
cules. Je n'entends pas parler seulement de ces petites peurs, de ces
délicatesses de goût qui viennent
de l'enfance,& souvent de la fau-

te des Gouvernantes ; mais de ces idées sur les songes, sur les diseuses de bonne aventure, enfin sur toutes les sciences occultes qui sont directement opposées au bon sens, & qui n'ont d'autre fondement que la prévention du vulgaire ; même de cette délicatesse de sentimens poussée à l'excès, & qui fait souvent son malheur. Je veux qu'elle ait une ame forte qui la mette au-dessus des évenemens, qu'elle sente le bien & le mal, mais qu'elle soutienne l'un & l'autre avec décence. Si elle est heureuse, que ce soit pour faire partager son bonheur à ses amis ; & le goûter avec eux. Si elle est malheureuse, qu'elle fache le cacher aux yeux indifférens, & prendre un parti prompt & courageux dans les occafions épineufes; que fon humeur ne foit point altérée par les contradictions de la vie, & que tantôt gaie jufqu'à la folie, ou férieufe jufqu'à la triftefle, elle n'éloigne pas fon mari ou fes amis, par une inégalité infuportable; au contraire, qu'elle fe tienne toujours dans la plus grande égalité poffible, qui fait le lien des Sociétés.

C'eft alors que celui à qui elle fera liée, connoiffant fon mérite & fa capacité, la penfée de Rouffeau aura fon effet. La femme gouvernera fon mari, & il fera bon qu'elle le gouverne. S'il s'égare, elle faura le ramener ; & non - feulement il l'aimera comme fa femme ; mais il la refpectera. C'eft alors que cette jeune perfonne, profitant de l'éducation qu'elle a reçue, quand elle fera devenue Mere, en remplira avec joie les plus aufteres devoirs, & qu'après quelques générations, nous verrons la vertu prendre la place du vice, & les femmes généralement refpectées & aimées.

F I N

TABLE.

Avant-propos,   page 1

CHAPITRE PREMIER.

De l'Education,   7

CHAPITRE II.

Des Maîtres,   17

CHAPITRE III.

Des Maîtresses,   36

CHAPITRE IV.

De la Religion,   45

CHAPITRE V.

Des Lectures,   54

CHAPITRE VI.

De l'Etablissement,   71

Conclusion,   81

Fin de la Table.

APPROBATION.

J'ai lu, par ordre de Monseigneur le Vice-Chancelier, un Manuscrit ayant pour titre : *Essai sur l'éducation des Demoiselles.* Je n'ai rien trouvé dans cet Ouvrage, qui ne m'ait paru répondre à l'utilité que l'on s'y propose. Le Sexe de l'Auteur ajoute encore au mérite de cet Essai. A Paris, ce 2 Avril 1764.

ALBARET.

9 782329 734941